Für drei mutige Brüder — Talon, Ruben und Beau • Carla •

Für Seren und Elsie, die Abenteuer in der Natur lieben • Cath •

Raus an die frische Luft!
Das Buch für kleine Entdecker

Illustriert von Carla McRae
Erzählt von Catherine Ard

Konzeption, Redaktion und Design von gestalten

Herausgegeben von Robert Klanten, Maria-Elisabeth Niebius und Amber Jones

Design und Layout von Constanze Hein, Book Book

Recherche von Polly Jarman
Übersetzung aus dem Englischen von Frederik Kugler

Schriften: Euclid Flex von Swiss Typefaces, FF Providence Sans Pro von FontFont

Druck: Gutenberg Beuys Feindruckerei GmbH, Langenhagen
Hergestellt in Deutschland

Erschienen bei Kleine Gestalten, Berlin 2020
ISBN 978-3-89955-842-5

Die englische Ausgabe ist unter der
ISBN 978-3-89955-843-2 erhältlich.

Weitere Informationen und Buchbestellungen unter www.kleine.gestalten.com.

Bibliografische Information der Deutschen Nationalbibliothek. Die Deutsche
Nationalbibliothek verzeichnet diese Publikation in der Deutschen Nationalbibliografie;
detaillierte bibliografische Daten sind im Internet über www.dnb.de abrufbar.

Dieses Buch wurde auf FSC®-zertifiziertem Papier gedruckt.

MIX
Papier aus verantwor-
tungsvollen Quellen
FSC® C009051

Raus an die frische Luft!

Das Buch für kleine Entdecker

Illustriert von Carla McRae
Erzählt von Catherine Ard
Übersetzt von Frederik Kugler

KLEINE
GESTALTEN

34/35 **Sterne beobachten**

36/37 **Baumsteckbriefe**

38/39 **Kletterspiele**

40/41 **Baumgeschichten**

42/43 **Tierspuren**

44/45 **Wasserspaß**

46/47 **Karten lesen**

48/49 **Futterzapfen**

50/51 **Hindernislauf**

52/53 **Versteckspiel mit Stöcken**

Wilde Abenteuer

Hast du Lust, dich in die freie Natur zu stürzen? Egal, ob du im Wald, im Park oder einfach nur im Garten spielst: Es gibt das ganze Jahr viel zu entdecken. Schnapp dir deine Tasche, deinen Sonnen- oder Regenhut und deine Freunde. Macht euch bereit für ein paar wilde Abenteuer!

Wie du dieses Buch benutzt

In diesem Buch kannst du viele tolle Dinge entdecken, die du draußen basteln, bauen, lernen und machen kannst.

Halte nach dem Notizbuch Ausschau: Darin findest du Ideen, die du selbst aufschreiben und aufzeichnen kannst, wenn du draußen unterwegs bist. Benutze dafür ein Notizbuch, das dir gefällt.

Viele kleine Begleiter verraten dir, wie du dich und die Tier- und Pflanzenwelt schützt:

Pass auf dich auf

Befolge diese Tipps, damit dir nichts passiert:

- Geh nie ohne einen Erwachsenen los.
- Erwachsene sind für Lagerfeuer, Kochen und Werkzeuge zuständig.
- Trage rutschfeste Schuhe und achte auf unebene, nasse und rutschige Flächen.
- In manchen Ländern gibt es gefährliche wilde Tiere. Informiere dich darüber, bevor du durch die Natur streifst oder zelten gehst.

Bereite dich vor

Bevor du losziehst, solltest du alles einpacken, was du für dein Abenteuer in der Natur brauchst. Und vergiss nicht, den Wetterbericht zu schauen. Ist es draußen heiß, nass oder kalt? Pack die richtige Kleidung ein, die dich schützt, warm und trocken hält.

leere Tasche für Fundstücke

Sonnenhut

Sonnenbrille

Sonnencreme

Lupe

Snacks

Regenkleidung

Bleistift

Notizbuch

Wasserflasche

feste Schuhe oder Stiefel

Rucksack

warme Kleidung

Naturpflege

STAMPF! TRAMPEL! SCHMETTER! Hier kommen die Riesen und zerquetschen alles mit ihren riesigen Händen und Füßen! Sei bei deinen Abenteuern kein tollpatschiger Riese, sondern teile die Natur mit allen Lebewesen, ob klein oder groß.

Schütze unser Zuhause

Pflück keine Blumen, reiß keine Pflanzen aus, brich keine Äste ab und lass verrottendes Holz liegen. Nüsse, Blumen, Blätter, Bäume und Beeren versorgen Insekten und andere Tiere mit Nahrung und geben ihnen ein Zuhause.

NIMM DIR LIEBER JEMANDEN IN DEINER GRÖSSE VOR!

Sei kein Dreckspatz

Wirf deinen Müll in Eimer oder nimm ihn wieder mit. Verpackungen verrotten nicht und können gefährlich sein für Tiere und Pflanzen. Sogar Apfelreste oder Bananenschalen können Schaden anrichten an Orten, an denen sie nicht natürlich vorkommen. Jeder Ort in der Natur sollte genauso aussehen wie vorher, wenn du wieder gehst.

Gras nicht betreten

Bleib auf den Wegen, wenn du spazieren gehst, und zertritt keine Gräser, Wildblumen, Pflanzen oder Käfer und andere kleinen Tierchen.

Mucksmäuschenstill

Befolge alle Hinweisschilder, die du in der Natur siehst. Laufe leise an Weiden vorbei, auf denen Tiere gehalten werden, damit du sie nicht erschreckst. Halte Abstand und schließe jedes Tor hinter dir.

AUCH INSEKTEN HABEN RECHTE!

Bitte nicht stören

Denk immer daran, dass du nicht allein in der Natur bist und sie mit vielen anderen Lebewesen teilst. Lass ihnen ihren Raum und mach ihr Zuhause nicht kaputt.

Freiluftdetektive

Die Natur ist überall. Du kannst sie das ganze Jahr hören, sehen, fühlen und riechen. Sogar eine laute Stadt ist voller Vogelgezwitscher. Geh nach draußen und benutze deine Ohren, Augen, Finger und Nase zum Erkunden.

Hör zu!

Was kannst du hören, wenn du die Straße runterläufst? Vielleicht zwitschernde Vögel, raschelnde Blätter, prasselnden Regen oder summende Bienen?

Zähle die unterschiedlichen Vogelrufe. Kannst du sie nachahmen?

Rieche!

Atme tief ein. Ahhhh! Was riechst du? Frisch gemähtes Gras oder feuchte Herbstblätter? Kiefernnadeln oder duftende Kräuter und Blüten?

Erschnuppere verschiedene Gerüche auf deinem Weg zur Schule. Wo kommen sie her? Sind sie süß, holzig, frisch oder fruchtig?

Guck hin!

Schau nach oben und unten, nach links und rechts. Achte auf die Farben des Himmels, der Pflanzen und der Bäume. Was bewegt sich? Vielleicht ziehen riesige Wolken vorüber oder winzige Samen wirbeln umher.

Siehst du fünf verschiedene Dinge, die grün sind?

Fühle!

Geh mit deinen Fingern auf Entdeckungsreise. Wie viele unterschiedliche Oberflächen kannst du fühlen? Findest du raue Baumrinden, glatte Kieselsteine, weiches Moos oder samtige Blütenblätter?

Steck dir nichts in den Mund!

Kannst du weiche, stachlige, glatte und raue Blätter finden?

Fensterkamera

Bastle eine Kamera, mit der du die Welt beobachten kannst. Sie macht zwar nicht „klick" und du kannst die Bilder auch nicht behalten, aber durch das Pappfenster lassen sich die wundervollsten Dinge entdecken.

Du brauchst:

- ein Lineal und einen Stift
- etwas Pappe (etwa von einer alten Müslipackung)
- eine Schere

1. Zeichne mit dem Lineal ein Quadrat in die Mitte deiner Pappe. Achte darauf, dass du einen breiten Rand lässt.

2. Stich mit der Schere ein Loch in die Mitte der Pappe und schneide das Quadrat entlang der Linie aus, so wie bei einem Fenster.

3. Schnapp dir Fensterkamera, Notizbuch und Stift und geh nach draußen. Halte die Kamera hoch, sobald du etwas Interessantes siehst.

4. Auch in Dörfern und Städten wachsen viele Pflanzen. Suche nach Pflanzen, die sich durch Risse und Ritzen drücken, oder nach Wildblumen an Mauern.

14

Sieh hinauf in die Bäume oder zoome auf den Boden. Mit deiner Kamera wirst du überall etwas finden.

PIEP! PIEP!

Benutze deine Kamera, um dir Pflanzen und Insekten aus der Nähe anzusehen.

- Erstelle eine Liste der Vögel, Käfer und Insekten, die du findest.
- Male eine Karte mit den Fundorten.
- Zeichne etwas, das du durch die Kamera gesehen hast.

Kannst du irgendwo Ameisenspuren entdecken?

In Bewegung

Manchmal sausen die Wolken über den Himmel und manchmal ziehen sie ganz langsam vorüber. Beobachte die Wolken, um herauszufinden, aus welcher Richtung der Wind weht. Du kannst auch deinen Finger mit etwas Spucke befeuchten und hochhalten. Die Seite, die sich am kühlsten anfühlt, zeigt die Windrichtung an.

Wolken beobachten

Regen
oder Sonnenschein

Weiße, flauschige Wolken
bedeuten, dass das Wetter gut
wird. Graue oder dunkle Wolken
sind voll Wasser und können Regen
ankündigen. Und kleine Schäfchen-
wolken sehen zwar hübsch aus,
können aber auch Regen
bedeuten.

Trage eine
Sonnenbrille,
wenn es sonnig
ist, und guck
nie direkt in
die Sonne!

Wusstest du, dass man in den Wolken oft Tiere
entdecken kann? Such dir einen sicheren, gemütlichen
Ort, leg dich hin und schau in den Himmel. Es ziehen
fast jeden Tag andere Wolkenformen vorüber.

Waldrasseln

Dieses Instrument kannst du ganz einfach selbst bauen. Eine lustige, bunte Rassel ist super, um draußen Musik zu machen, und kann mit Materialien aus der Natur gebastelt werden.

Du brauchst:

- einen Y-förmigen Stock
- Gegenstände mit Loch in der Mitte, wie Perlen, Knöpfe, Muscheln, Nüsse und Samen
- etwas Wolle oder Schnur

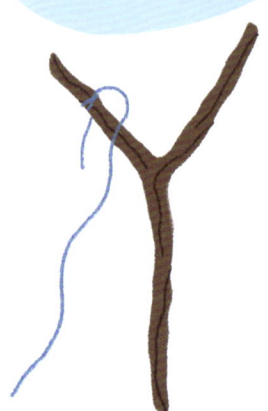

1. Finde einen kleinen, Y-förmigen Stock, um zwischen den beiden Armen des Y deine Rassel zu basteln.

2. Knote deine Schnur fest an einen der Arme. Lass genug Schnur bis zum anderen Arm überstehen.

Und nicht vergessen: Pflück nichts, das wächst, und iss nichts, was du findest!

3. Fädle deine gefundenen Gegenstände auf der Schnur auf. Befestige die Schnur auch am anderen Arm mit einem Doppelknoten.

4. Jetzt kannst du losrasseln. Bastle zusammen mit Freunden und gründe mit ihnen eine Waldrasselband.

Insekteninspektion

Suche den Boden ab, um herauszufinden, wo sich die kleinen Tierchen verstecken. Sie krabbeln, kriechen, graben oder wuseln zwischen Blättern und verrottenden Stämmen umher.

Viele Kleintiere leben unter Steinen. Suche einen großen Stein auf dem Boden und dreh ihn vorsichtig um.

Wie viele verschiedene Tierchen kannst du sehen?

Weiches, morsches Holz wird Totholz genannt. Es bietet vielen Insektenarten ein Zuhause. Suche alte Baumstämme ab oder heb einen zu Boden gefallenen Ast sanft an, um darunter nach Käfern zu suchen.

Nimm die Insekten behutsam mit dem Löffel hoch und untersuche sie mit deiner Lupe. Kannst du ihre Fühler und Mundwerkzeuge sehen? Wie viele Beine haben sie?

Insektenhotel

Bau eine winzige Waldhütte und polstere sie gemütlich aus – dann ziehen bestimmt schnell kleine Tierchen ein!

1. Sammle Zweige, Blätter, Rinden, Federn, Steine und andere Dinge, die du auf dem Boden findest.

2. Suche eine schattige Stelle zum Bauen, zum Beispiel am Fuß eines Baums.

3. Bau den Unterschlupf aus den Zweigen, Blättern und Rinden und mach es den Tierchen innen gemütlich.

Was ist der Unterschied zwischen einem Hundertfüßer und einem Tausendfüßer?

Ein Hundertfüßer hat an jedem Körperabschnitt ein Bein, ein Tausendfüßer jeweils zwei.

Wir brauchen Bienen!

Bienen sind Insekten mit sehr wichtigen Aufgaben. Ohne ihre Hilfe können viele Obst- und Gemüsesorten nicht wachsen.

Blühende Pflanzen summen vor Bienen, die dort süßen Nektar trinken. Sie sammeln und essen auch den Pollen von Blumen, einen klebrigen Staub, den Pflanzen brauchen, um Samen zu bilden.

Honigbienen sind Meister im Pollensammeln, weil der Pollen an den kleinen Härchen ihrer Beine kleben bleibt.

Wenn sie von Blume zu Blume fliegen, reiben sie den Pollen von einer Blume an die nächste. Das nennt man Bestäubung.

Wenn das passiert, können sich Samen bilden. Viele Pflanzensamen wachsen in Früchten und Gemüse.

Schmetterlinge, manche Wespen, Motten, Fliegen und Käfer bestäuben auch.

Bienen in Gefahr

Die wilde Natur, in der Bienen, Schmetterlinge und andere Insekten leben und sich ernähren, muss immer weiter neuen Häusern und Feldern weichen.

Manche Felder werden mit Chemie gedüngt, damit die Pflanzen besser wachsen. Insekten werden davon aber krank.

Kämpfe für die Bienen

So bringst du deine Umgebung zum Summen:

- Finde heraus, welche Wildblumen gut für Bienen und Schmetterlinge sind, und sähe ein paar Samen in deinem Garten oder in Blumenkästen aus.

- Frag in deiner Schule nach, ob du ein paar Wildblumen auf dem Gelände pflanzen darfst.

- Pflanze hohe Gräser oder lass ein Rasenstück wachsen, das müden Bienen ein schattiges Plätzchen zum Ausruhen bietet.

- Bau ein Insektenhotel oder lass einen Baumstamm in deinem Garten verrotten, damit er Bienen und Schmetterlingen einen großartigen Unterschlupf bietet.

- Sag den Erwachsenen, dass sie keine chemischen Düngemittel verwenden sollen, die Insekten töten.

Stell eine flache Schale mit Wasser für durstige Bienen und Schmetterlinge raus.

Rindenabdrücke

Rinden haben Rillen und Wirbel, ähnlich wie unsere Fingerabdrücke. Schnapp dir Wachsmalstifte und Papier, such dir ein paar Bäume und zaubere bunte Bilder von den Baumrinden.

Der Baum sieht gut aus!

Du brauchst:

- Wachsmalstifte (ohne Hülle)
- Papier

1. Such dir einen Baum aus, am besten einen mit einer interessanten Rinde.

2. Drück dein Blatt gegen den Stamm, leg deinen Wachsmalstift längs auf das Papier und reibe ihn vorsichtig darüber.

3. Die Struktur der Rinde erscheint auf deinem Papier. Jede Baumart macht ein anderes Muster. Wie viele Muster kannst du finden?

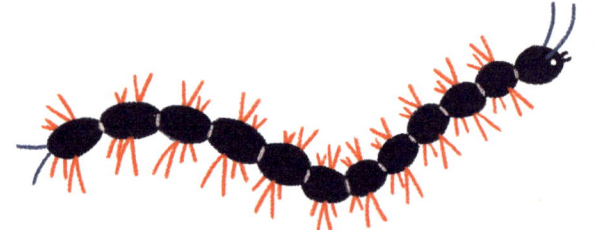

Wir Kleintiere leben in Rinden. Bitte stör uns nicht, wenn du Rinde abreibst!

Waldlager

Wozu ein Zelt, wenn man sich seinen eigenen Unterschlupf bauen kann? Ein Lager ist perfekt, um die Tier- und Pflanzenwelt zu beobachten, sich vor Regen zu schützen und Zeit mit Freunden zu verbringen.

Du brauchst:

- eine Plane, alte Laken oder Decken
- ein Seil oder eine Schnur
- Steine

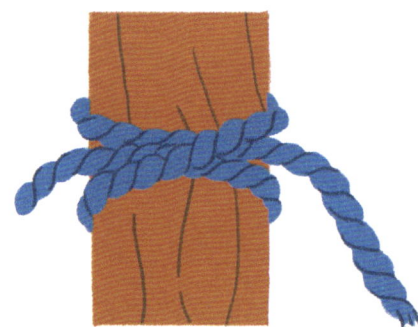

1. Finde zwei schlanke Bäume, die nah beieinanderstehen.

2. Knote das eine Ende des Seils über einer dickeren Stelle um einen der Bäume, damit es nicht herunterrutscht.

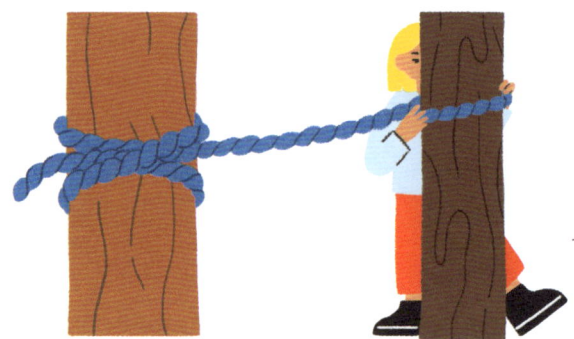

3. Führe das lange Ende des Seils zum anderen Baum und verknote es dort auf derselben Höhe.

4. Wirf das Laken oder die Plane über das Seil.

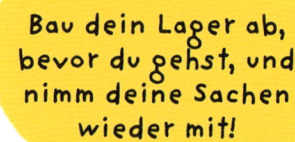
Bau dein Lager ab, bevor du gehst, und nimm deine Sachen wieder mit!

5. Zieh die Seiten nach außen und beschwere sie mit Steinen.

Wetterfeste Wände

Mach dein Lager mit Zweigen wind- und wasserfest, indem du dünne Zweige zwischen dicke Zweige flechtest, die du in den Boden gesteckt hast. Bedecke die Zweige mit Blättern oder Schlamm, damit dein Lager nicht so auffällt.

Lagerfeuer

Lagerfeuer sind ein wichtiger Teil eines Camps. Noch wichtiger ist es aber zu wissen, wie man ein Feuer macht, ohne dass es für dich, die Tiere und die Natur gefährlich wird. Bitte immer einen Erwachsenen um Hilfe und befolge die Anleitung auf dieser Seite. Sobald das Feuer brennt, kannst du dich daran wärmen, kochen und nachts im Feuerschein besser sehen.

Sammle nur Feuerholz, wenn es dort, wo du zeltest, auch erlaubt ist!

Mach kein Feuer, wenn es windig oder heiß und trocken ist – Feuer können sich schnell ausbreiten!

In vielen Parks und Wäldern ist Feuermachen verboten. Informiere dich vorher!

Halte immer einen sicheren Abstand zum Feuer und lass es nie unbewacht!

Suche auf dem Boden nach trockenem Gras, Nadeln und dünnen Streifen Rinde als **Zunder**, um das Feuer anzufachen.

Sammle zwei Hände voll Zapfen, trockener Blätter und Zweige als **Anzündholz**. Die Zweige sollten etwa so dick wie Bleistifte sein.

Kiefernnadeln

Kiefernzapfen

Rinde

Zweige

trockenes Gras

Sammle einen Stapel daumendicker Zweige und einen Stapel Äste, die etwa so dick wie deine Handgelenke sind, als **Feuerholz**.

trockene Blätter

Das Lagerfeuer entfachen

1. Such dir eine flache Stelle abseits von Zelten und herabhängenden Ästen und fege sie frei.

Ein Erwachsener sollte die ganze Zeit dabei sein!

2. Leg vier dicke Hölzer im Quadrat um die Stelle, damit sich das Feuer nicht ausbreiten kann.

3. Leg dir das Feuerholz, den Schutzhandschuh und den Wassereimer zum Löschen bereit.

4. Zerpflücke einige Wattebäusche und steck sie in den angehäuften Zunder. Leg das Anzündholz darum.

5. Zieh die Handschuhe an und nimm Feuerstahl und Schaber, um Funken zu erzeugen, die den Zunder entfachen. Blase sanft in die Flammen.

Lösch das Feuer mit einem Eimer Wasser, bevor du gehst!

6. Wenn das Feuer brennt, schichte langsam weiteres Anzündholz und dann Feuerholz (erst kleine Hölzer) auf.

29

Lagerfeuergeschichten

Die Stimmung an einem Lagerfeuer ist immer ein bisschen magisch. Versammelt euch um die warmen, prasselnden Flammen und singt Lieder, erzählt Geschichten oder schließt die Augen und ruht euch aus.

Schon vor Tausenden von Jahren haben sich die Menschen zum Geschichtenerzählen am Lagerfeuer getroffen. Sie haben sich Legenden von Menschen und Orten aus der Vergangenheit und Sagen von guten Geistern und gruseligen Gespenstern erzählt.

Lagerfeuerlieder

Wie wäre es mit ein paar Liedern am Lagerfeuer? Sucht eine Melodie aus, die ihr alle kennt, und erfindet euren eigenen Text.

Kettengeschichten

Die erste Person beginnt mit einem Satz, den die Person links von ihr wiederholt und um einen Satz ergänzt. Die nächste Person muss dann beide Sätze wiederholen, den dritten hinzufügen und so weiter. Lustige Drehungen und Wendungen sind vorprogrammiert!

Fällt dir eine witzige, magische oder geheimnisvolle Geschichte ein, die auf deinen eigenen Abenteuern beruht?

Draußen kochen

Essen schmeckt viel besser, wenn man es draußen an der frischen Luft isst. Mit diesen leckeren Gerichten, die auf einem Grill oder über einem Feuer zubereitet werden, beruhigen sich knurrende Mägen ganz schnell.

Knallheiße Kartoffeln

Nimm alle Reste und den Müll mit nach Hause!

Du brauchst:

- mittelgroße Kartoffeln
- Olivenöl
- Butter
- Alufolie
- eine Zange
- Ofenhandschuhe
- eine Gabel
- ein Messer

1. Reibe die Kartoffeln mit ein wenig Olivenöl ein. Stich mit einer Gabel in die Kartoffeln, damit der Dampf entweichen kann, wenn sie backen, und wickle sie in Alufolie.

2. Bitte einen Erwachsenen, die Kartoffeln mit Ofenhandschuh und Zange auf den Grill oder ins Lagerfeuer zu legen. Nach 20 Minuten umdrehen und noch mal 20 Minuten backen.

3. Bitte einen Erwachsenen, die Kartoffeln mit dem Ofenhandschuh und der Zange vom Grill oder aus dem Feuer zu nehmen. Teste durch leichtes Drücken, ob sie weich sind.

4. Lass sie fünf Minuten abkühlen. Schneide sie dann auf, gib ein Stückchen Butter dazu und hau rein!

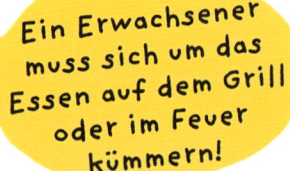

Ein Erwachsener muss sich um das Essen auf dem Grill oder im Feuer kümmern!

Stockbrot

Du brauchst:

- 120 g Mehl Type 405
- 2 TL Backpulver
- 1 TL Salz
- eine Prise Zucker
- 60 ml Olivenöl
- 160 ml Wasser
- eine Schüssel
- Stöcke

1. Suche ein paar Stöcke, die so lang sind wie dein Arm und etwa zwei Finger dick, und wasch sie ab.

2. Dann Mehl, Backpulver, Salz und Zucker in eine Schüssel geben, Olivenöl und Wasser einrühren und alles zu einem glatten Teig verkneten.

3. Den Teig zu sechs dünnen Stangen ausrollen. Jede Teigstange um die Spitze eines Stocks wickeln und die Enden ordentlich festdrücken.

4. Den Stock über den Grill oder die Lagerfeuerglut halten (nicht in die Flammen!) und drehen, während das Brot backt.

5. Wenn das Brot goldbraun und etwas abgekühlt ist, kannst du es vom Stock nehmen und in einen leckeren Dip tunken.

Sterne beobachten

Leg dich in einer klaren Nacht auf eine Decke und schau hinauf zu den funkelnden Sternen. Manche Sternengruppen ergeben Muster, wenn man sie mit unsichtbaren Linien verbindet. Das sind sogenannte Sternbilder.

Kannst du folgende Sternbilder am Himmel finden?

- Cygnus (ein Schwan)
- Scorpius (ein Skorpion)
- Leo (ein Löwe)

Du kannst dir auch eine Sternkarte deiner Gegend herunterladen oder eine App verwenden, um Sternbilder und Planeten zu entdecken.

Der Große Wagen ist Teil eines größeren Sternbilds namens Großer Bär. Die sieben hellen Sterne sehen aus wie eine Schubkarre ohne Räder. Kannst du den Kopf und die Beine des Bären erkennen?

Siehst du die großen Löcher auf der Mondoberfläche?

Das sind Krater. Sie entstehen, wenn Weltraumfelsen auf dem Mond einschlagen.

Siehst du die Stern- schnuppen?

Die Lichtstreifen einer Sternschnuppe sind in Wirklichkeit Felsen und Staub, die durch den Weltraum rasen. Wenn sie auf die Luft um die Erde herum treffen, verbrennen sie und erzeugen den hellen Streif, den wir sehen.

Baumsteckbriefe

Manche Bäume sind schmal und spitz, während andere breit sind und viele Blätter haben. Manche wachsen in dichten, feuchtwarmen Dschungeln, andere stehen allein in trockenen Wüsten. Es gibt so viele verschiedene Arten, und doch haben sie viele Gemeinsamkeiten.

Laubbäume

Diese Bäume werfen in den kalten oder trockenen Monaten ihre Blätter ab, um Energie zu sparen. In den kühleren Regionen der Welt geschieht das im Herbst, in den wärmeren während der Trockenzeit.

Alle Bäume haben Wurzeln, einen Stamm, Rinde, Äste, Zweige und Blätter. Kannst du alle Teile an diesem Baum finden?

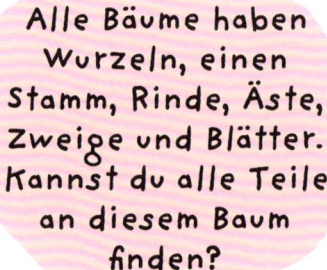

Hübsche Blätter

Du kannst Laubbäume anhand der Form ihrer Blätter erkennen. Die meisten haben flache, breite Blätter.

Durstige Wurzeln

Die Wurzeln eines Baums sorgen dafür, dass er nicht umfällt. Sie ziehen aber auch Wasser und Nährstoffe aus dem Boden, die Bäume brauchen, um zu wachsen.

Immergrüne Bäume

Diese Bäume behalten das ganze Jahr über ihre Blätter, die oft dünn und spitz sind, wie Nadeln.

- Zeichne ein paar Bäume, die du siehst. Kannst du die einzelnen Teile benennen?

- Halte dabei nach Bäumen mit Früchten, Zapfen und Nüssen Ausschau.

Tolle Samen

Es gibt viele unterschiedliche Samensorten. Der Stein im Innern einer Kirsche, die Kastanie in ihrer Schale und die Schuppen eines Kiefernzapfens sind alle Samen. Manche Samen haben sogar Flügel und treiben mit dem Wind.

Kletterspiele

Was kann man von einem Baum aus sehen? Klettere an einem windstillen, trockenen Tag durch die Äste und finde einen Aussichtspunkt, dann spähe durch die Blätter und schau dich um.

Klettere nie in Bäumen mit Vogel- oder Bienennestern!

Nimm mit:

- rutschfeste Schuhe wie Turnschuhe, aber keine Gummistiefel oder offenen Schuhe
- Kleidung, die nicht an Zweigen hängenbleibt

Finde den perfekten Baum

Suche nach:

- gleichmäßig verteilten Ästen bis nach oben
- einem starken, geraden Stamm, der weder schief noch hohl ist
- stabilen Ästen, die nicht rissig oder verfault sind
- einem weichen Boden darunter, ohne stachlige Pflanzen oder spitze, scharfe Gegenstände

Klettere los!

So wirst du zum Topkletterer:

- **Schau** nach oben, wenn du hochkletterst, und nach unten, wenn du runterkletterst.

- **Stell** dich immer auf dicke Äste nah am Stamm, wo sie am stabilsten sind.

- **Teste** jeden Ast, bevor du ihn mit deinem vollen Gewicht belastest.

- **Finde** Knoten und Löcher in der Rinde, um dich mit deinen Händen und Füßen daran festzuhalten.

- **Lass** immer zwei Hände und ein Bein oder zwei Beine und eine Hand am Baum.

- **Halte** beim Klettern nichts in den Händen.

- **Merk** dir, wie du hochgeklettert bist, um genauso wieder runterzuklettern.

- **Klettere** immer langsam.

Klettere nicht zu hoch, damit dich ein Erwachsener noch erreichen kann!

Bitte einen Erwachsenen, beim Klettern bei dir zu sein!

Baumgeschichten

Wusstest du, dass in jedem Baum seine Lebensgeschichte steht – und zwar ab seiner Geburt? Suche einen Baumstumpf und lerne, seine Ringe zu lesen.

Älter werden

Jedes Jahr wächst eine neue Schicht Rinde um den Stamm. Diese Schichten sind die Ringe, die du auf einem Baumstumpf sehen kannst.

Bäume können Tausende von Jahren alt werden. Der älteste Baum ist über 5.000 Jahre alt!

Ich zähle mal meine Ringe!

Dieser Ring steht für das erste Lebensjahr.

Zähle die Ringe

Jeder Ring besteht aus einer hellen und einer dunklen Schicht und steht für ein Jahr im Leben des Baums. Du kannst die Ringe zählen, um herauszufinden, wie alt er war.

Mmh! Je älter, desto besser.

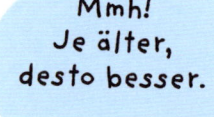

Lies seine Geschichte

Ein breiter Ring bedeutet, dass der Baum in diesem Jahr viel gewachsen ist. Wahrscheinlich gab es viel Sonne und Regen.

Ein schmaler Ring bedeutet, dass der Baum nur wenig gewachsen ist. Vielleicht war es in diesem Jahr zu trocken oder nicht sehr sonnig. Oder hungrige Insekten haben viele seiner Blätter genascht.

Eine schwarze Narbe bedeutet, dass in diesem Jahr ein Waldfeuer den Baum verletzt hat.

- Zähle jedes Mal die Ringe, wenn du einen Baumstumpf siehst.
- Schreibe das Alter von jedem Exemplar auf, das du findest.

Tierspuren

Einige wilde Tiere kommen erst nachts heraus und andere verstecken sich, wenn Menschen in der Nähe sind. Finde heraus, welche Tiere deinen Weg gekreuzt haben, indem du ihren Spuren folgst.

Fährte aufnehmen

Am einfachsten lassen sich Tierspuren auf schlammigen oder verschneiten Böden erkennen. Hast du einen dieser Abdrücke schon mal in deiner Nähe gesehen?

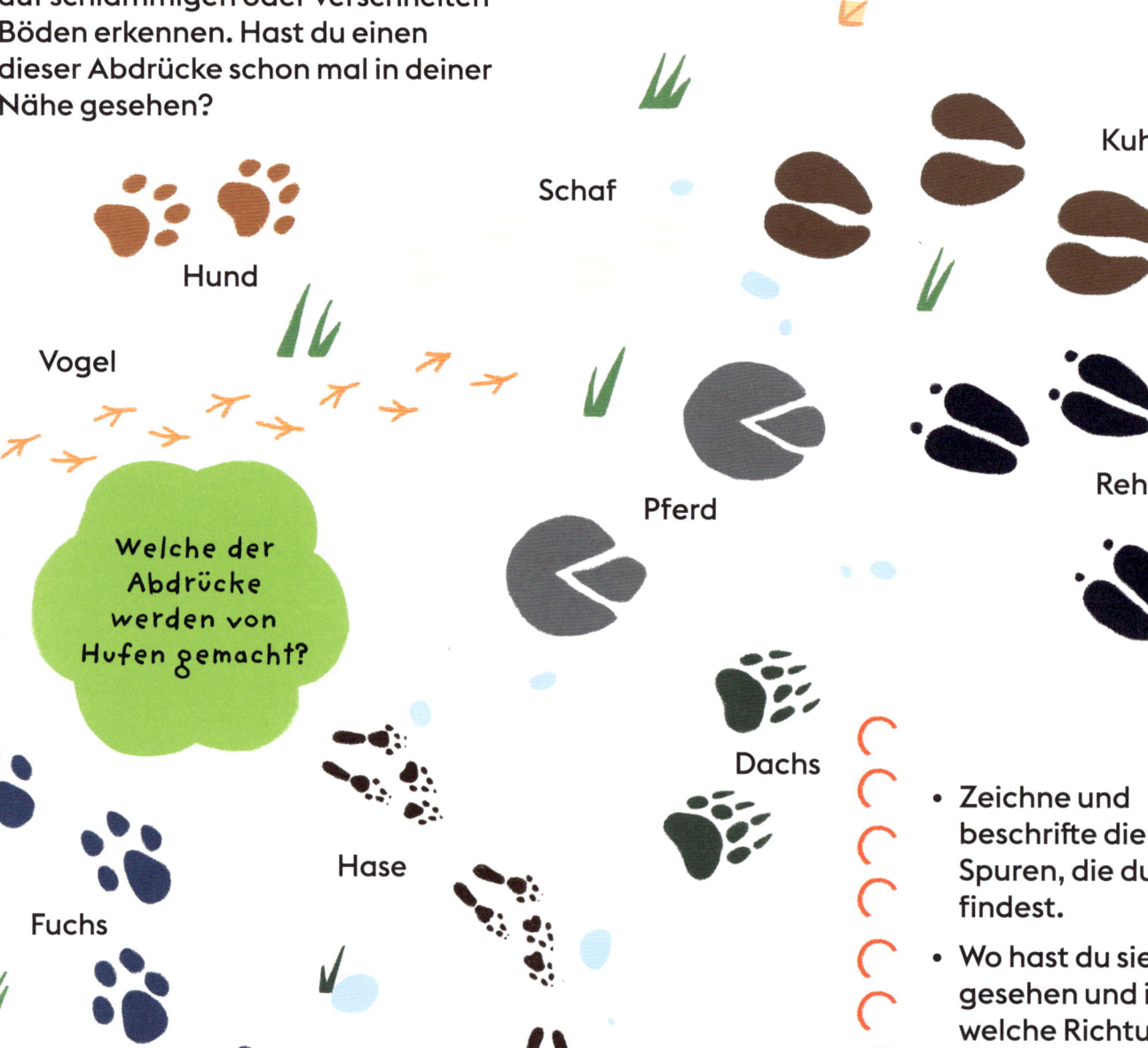

Ente

Kuh

Schaf

Hund

Vogel

Welche der Abdrücke werden von Hufen gemacht?

Pferd

Reh

Dachs

Fuchs

Hase

- Zeichne und beschrifte die Spuren, die du findest.
- Wo hast du sie gesehen und in welche Richtung haben sie gezeigt?

Tierbehausungen

- Suche in Bäumen nach den kugelförmigen Nestern von Eichhörnchen, die Kobel genannt werden.

- Achte auf Vogelnester aus Zweigen, Moos oder Schlamm. Manche Vögel nisten auch in Baumlöchern.

- Halte nach Löchern im Boden Ausschau. Hasen, Füchse, Dachse und viele andere Tiere leben in unterirdischen Bauten.

Hinweise auf Tiere

Suche auch nach diesen Spuren:

Federn von Vögeln, die sich putzen

Leere **Nussschalen**, die Vögel oder Eichhörnchen hinterlassen

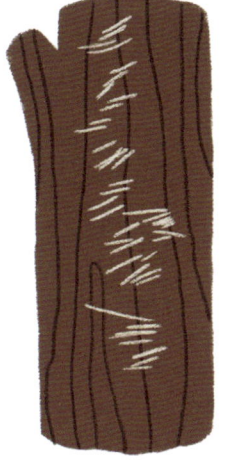

Markierungen oder Kratzer an Baumstämmen

Fell oder **Wolle** an Zäunen oder Pfosten, an denen sich Tiere reiben

Tierkot am Boden

Angeknabberte **Blätter**, die Raupen schmecken

Wasserspaß

Wenn es draußen warm ist, macht es Spaß, das Leben in Teichen und Bächen zu erforschen. Sogar Pfützen laden zum Planschen ein.

Pass im Wasser auf

- Trage Gummistiefel oder Plastikschuhe – es könnten spitze oder scharfe Gegenstände im Wasser sein.
- Trage wasserdichte Hosen oder nimm Kleidung zum Wechseln mit.
- Schubse niemanden.
- Geh nie auf gefrorene Seen oder Teiche.

Spiel nie ohne einen *Erwachsenen* am Wasser!

Du brauchst:

- einen Kescher oder ein Schraubglas mit einer Schnur um den oberen Rand
- einen Eimer oder eine Schüssel

Keschern

1. Such dir einen sicheren Platz am Ufer oder eine Stelle, an der du ins flache Wasser waten kannst.

2. Fülle deinen Eimer mit Wasser und zieh dann langsam deinen Kescher oder dein Glas durchs Wasser.

3. Kippe deinen Fang in den Eimer.

4. Welche Tiere hast du gefangen? Vergiss nicht, sie wieder im Wasser auszusetzen, nachdem du sie genau untersucht hast.

Du brauchst:

- große und kleine Steine
- Kiesel
- Stöcke

Bau einen Damm

In Flüssen oder Bächen fließt das Wasser immer um die Felsen und Steine herum. Bau mit Steinen und Stöcken einen Damm in einem seichten Abschnitt. Kannst du das Wasser stoppen?

Entferne den Damm wieder, bevor du gehst!

Verwende einen langen Stock, um zu messen, wie tief das Wasser vor und nach dem Dammbau ist.

Karten lesen

Schnapp dir eine Karte, bevor du dich auf ein Abenteuer begibst, und überleg dir den bestmöglichen Weg. Mit der Karte kannst du außerdem interessante Dinge auf dem Weg entdecken.

Schau dir eine Karte an, die du zu Hause hast, oder lade eine aus dem Internet herunter.

Was ist was?

Die meisten Karten haben eine Legende, die dir erklärt, was die Linien und Symbole bedeuten. Es ist wichtig, die Symbole zu verstehen, damit man nicht in einem sumpfigen Feld picknickt oder sein Zelt auf einem Parkplatz aufschlägt.

Legende

SEE	TEICH	STRASSE	FUSSWEG	FLUSS	BÄUME	WIESE	BRÜCKE	EISENBAHN-LINIE

BAHN-HOF	BUS	PARKPLATZ	AUSSICHTS-PUNKT	KIRCHE	KRANKEN-HAUS	SCHULE	PICKNICK-PLATZ

Wie hoch?

Die welligen Linien sind Höhenlinien. Sie zeigen an, wie flach oder hügelig das Land ist.

Sind keine Linien zu sehen oder liegen sie weit auseinander, ist das Land flach.

Sind die Linien nah beieinander, ist die Gegend hügelig oder bergig.

Eine Zahl zeigt die Höhe des Hügels oder Bergs an.

Wie weit?

Alles auf einer Karte ist verkleinert, damit es auf das Papier passt. Um herauszufinden, wie groß oder klein etwas wirklich ist, muss man auf die Maßstabsleiste schauen.

Diese Leiste zeigt das Verhältnis zwischen Entfernungen auf der Karte und Entfernungen in der echten Natur an.

Zeichne deine eigene Karte

Zeichne eine Karte deiner Gegend oder deines Schulwegs.

Füge Straßen, Wege, Gebäude und Grünflächen hinzu.

Fallen dir auch eigene Symbole ein?

Zeichne Höhenlinien für Hügel und Gefälle ein.

Futterzapfen

Im Winter gibt es kaum Beeren und Insekten als Nahrung für Vögel. Bastle deinen gefiederten Freunden eine köstliche und nahrhafte Alternative.

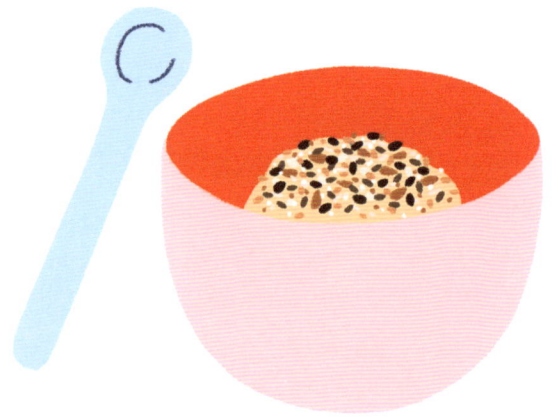

1. Vermische je eine halbe Tasse Vogelfutter, Rosinen und Schmalz oder Margarine.

2. Binde die Schnur oben um die Zapfen und lass ein langes Ende zum Aufhängen. Drück den Futtermix in die Zapfen.

3. Stell die Futterzapfen zum Festwerden in den Kühlschrank. Häng sie vom Balkon oder von einem Baum im Garten und beobachte die Vögel bei ihrem Festmahl.

Hindernislauf

Du brauchst:
- Stöcke
- Baumstümpfe
- Steine

Fordere deine Freunde und Familie zu einem Hindernislauf im Wald auf. Baue folgende Hindernisse auf, um ihre Schnelligkeit, Stärke und sportlichen Fähigkeiten zu testen oder denk dir eigene Hindernisse aus.

Nimm dich vor Stolperfallen wie Unebenheiten und Löchern in Acht!

Links und rechts

Leg eine Spur aus Stöcken und Steinen, um die sich die Teilnehmer so schnell wie möglich schlängeln müssen.

Drunter und drüber

Leg einen dünnen Stock auf zwei Baumstümpfe oder Steine, über den die Teilnehmer springen oder unter dem sie hindurchkriechen müssen, ohne ihn herunterzustoßen.

Pass auf, dass dir keine Zweige oder Äste in die Augen stechen!

Bleib dran

Finde einen kräftigen, niedrigen Ast, an dem die Teilnehmer so lange hängen müssen, wie sie können.

Tritt drauf

Finde ein paar kurze, stabile Baumstümpfe und stell sie in einer Reihe auf. Achte darauf, dass sie nicht wackeln oder umkippen können. Die Teilnehmer müssen von einem Baumstumpf zum nächsten springen, ohne herunterzufallen.

51

Versteckspiel mit Stöcken

Geh mit deinen Freunden in den Wald oder Park und spiel eine Runde Verstecken mit ihnen. Arbeitet in Teams und legt eine Spur aus Stöcken.

1. Sammelt viele Stöcke und bildet zwei Teams (Verstecker und Sucher), die aus mindestens zwei Personen bestehen.

2. Sucht einen Baum als Basislager aus. Das ist der Ort, an den alle immer zurückkehren.

3. Die Sucher warten im Basislager, schließen ihre Augen und zählen bis 100, während die Verstecker losziehen.

4. Die Verstecker legen auf dem Boden eine Spur aus Stöcken in Form von Pfeilen, die den Weg weisen. Dann verstecken sie sich und warten darauf, gefunden zu werden.

5. Die Sucher folgen den Spuren, um das Versteck ihrer Freunde zu finden. Haben sie es gefunden, wechseln die Teams und das Spiel beginnt von vorn.

Mögliche Richtungsangaben aus Stöcken:

links

nicht da lang

rechts

Ende der Spur